उल्फ़त .....

हर रात मुहब्बत मेहेरबान होती रही....
हर रात ज़िंदगी कुरबान होती रही....

शीतल......

दिल से निकले ये अल्फाज़, उन जज्बातों को समर्पित करती हूँ,

जो आज भी खुद को सँभाले हुए हैं.....

दुनियादारी निभाने के लिये....

ये हैं वो अल्फाज़ ..... दिल से दिल तक!

क्रम-सूची

क्रम-सूची

क्रम-सूची

क्रम-सूची

क्रम-सूची

प्रस्तावना

एक अर्से से ये पंक्तियाँ लिख रही थी| काफ़ी करीबी लोग पढ़ते थे और इन अल्फाज़ों के दिल को छू जाने की बात कहते थे| बहुतों ने

कहा सारा कुछ एक साथ मिल जाए तो जैसे एक खज़ाना बन जाए|

ये ज़ालिम उल्फत चीज़ ही ऐसी है जो भुलाए नहीं भूलती है...जरासा झोंका जो आए कहीं से, फिर से जी उठती है....

यही जरा सा जादू जो मुझपर हुआ है...इस किताब के बहाने ले आयी हूँ आपके भी जज्बातों को छूने.....

आशा करती हूँ आपको अच्छा लगेगा....हम जैसे और भी हैं जमाने में ये देखकर दिल थोड़ा हलका होगा.....

शीतल.....

पावती (स्वीकृति)

I would like to extend my gratitude to Mr. Ketan Karandikar for contributing extensively for the photographs that have been included in this creation and for standing as my pillar of support to complete this book.

So also, I would also like to thank my children, Parth and Soham and all my followers on social media who regularly read my poems and appreciate them.

I thank all those who encouraged me to compile all these lines into one book so that we all can now treasure it well.

I also thank my mother who has blessed me with this ability to express myself passionately.

1. मूहब्बत

आज फिरसे दिल की धडकनें कुछ मायने कर रहीं हैं.....

आज फिरसे मुझे तुमसे नये से मूहब्बत हो रही है.......

2. मुलाकात

काफ़ी अन्जान चेहरों से मुलाकातें
हो रहीं हैं आजकल.....
आईने को जरा गौर से देखने की
फुरसत जो मिल रही है मुझे...

3. शिकायतें / ख़ुदा की मेहरबानी

बड़ी शिकायतें हुआ करती थी
कभी ख़ुद से...कभी जमाने से...
अब तो मुहब्बत ही मुहब्बत है
गुजरे हुए हर इक फ़साने से......

खूबियां जो इतनी हैं तुम में
किसी एक बात का कैसे जिक्र करें....
ख़ुदा ही ख़ुद जो ऐसा मेहरबां है तुम पर
हम और क्या दुआ बयां करें........

4. फासलें

मुद्दतें गुजरीं...फासले दरमियां के फिर भी ना कम हुए.....
जाने कितनी ही रातों में ... ख्वाब उल्फ़त के नम हुए...
कुसूर चाहत का था शायद...सिलसिले जो चलते चलते रहें...
ख्वाब आंखों में पलते रहें और दौर यूंही गुजरते गए...

5. मजबूरी

क्यूँ लिखते हो इतना के सोचने पर मजबूर हो जाते हैं......
काफ़िले टूट पड़े थे हमपर फर्ज के, वरना
हमने भी तुमसे बेइन्तेहां मुहब्बत की थी......

6. एक कहानी

गुमसुम सी एक कहानी देखी थी कल,
एक खिडकी खुली थी सो झांक के देखा था अंदर...
अकेली होगी शायद, अधूरी सी लग रही थी...
चुपके से पुकारा उसे, सोचा बात कर लूं कुछ....
मुस्कुराकर देखा उसने, वही से
कहा कल रात अल्लाह ने दस्तक दी थी,
कहा था थोडा मजा लूट ले अधूरे से
एहसासों का,
एक सपना जनम ले रहा है, तेरेही रास्ते
निकल पडा है,
तुझे उडना है उसके साथ, एक और जनम लेना है
कहानी अपनी पूरी करने के लिये.....
इंताजार में बैठी हुं, मन ही मन मुस्का रही हुं,
उसके करीब आने का एहसास है,
तब तक खुश हुं,
तुम जैसे मुसाफिरों से बातें हो रही हैं,
कुछ दोस्ती, कुछ यादें बन रही हैं.....
खुश हुं, अल्लाह की मेहरबानी हैं जो
दिल में मेरे उम्मीद की लौ अब भी जल
रही है
खुश हुं, मुझमें थोडी सी जान अब भी
बाकी है।

7. गुस्ताख़ी

सिर पर इल्ज़ाम लिये फिरते हैं
उस गुनाह का जो कभी किया ही नहीं,
हाथ माँगा था आदत से,....
गुस्ताख़ी शायद....एक वही हो गयी.....

8. बहाना

लफ़्ज़ों के बहाने तुम्हें छू जाती हूँ
तुम बेखबर......अंजान........
मैं मन ही मन मुस्काती हूँ.....

९. कुछ कमी सी है

इतना कुछ दिया खुदाने...फिर भी कहीं कमी सी है
होठों पे है मुस्कान..... पर आँखो में नमी सी है.....
कुछ सांसे गुलजार......कुछ दबी भी हैं.....
सुकून चेहरे पर...हलचल दिल में छुपी है।
ऐ मुहब्बत ये कैसा इंसाफ हैं.....
तेरे गहराई में तो सैलाब भरा है...
या आज आसमां दिखा दे....
या फिर बस..... युंही हमें डूब जाने दे।

10. एहसान यादों का

एहसान है यादों का मुझपर जो
कभी वक्त की मोहताज ना रहीं...
अरमान रुक गये वक्त की दहलीज़ पर,
यादें ही हैं जो मेरे साथ हैं निकल पड़ीं.....
रिश्तों को नाम देने से
दिल कुछ घबराया था,
अब तो बेनामी ही
बहुत हसीन लगने लगी है.....

Disclaimer: Background image source: Internet

11. सरहद्द

रिश्ते ही सरहद्द बन जाते हैं जब
क्या कहे कौनसा जुनून रखे कोई,
दरारें जमीं में पड़े तो मिट भी जाएँ...
रिश्ता ही हो सरहद्द तो पार कैसे करे कोई?

12. माहजबीं

बादलों के पीछे से चाँद ने आज इस तरह से झाँककर देखा,
वक्त ने करवट बदली और दिल तेरी ओर दौड़ पड़ा......
सपने जो बुनके छुपा रखे थे,
रोक न पायी ...... लपेट लिये...
उन बिन जाड़े बहुत सहे थे मैंने...
एक अर्से से यहीं खड़ी यूँहीं बेकरारी से,
इसी माहजबीं को देखती थी मैं...

13. नकाब

दिल में सुलगते जजबात और आँखो की नमी
बयां कर रही है कहानी वही....
बीती बातों को भुलाने की कोशिश में
चेहरे पर नकाब ओढे जिये जा रहे हैं वो युंही......

शीतल

Disclaimer: Background image source: Internet

14. ख़्वाब

सिमटा सा एक ख़्वाब बैठा है
आँखों के पर्दे में छुपकर,
डरता है कहीं गुम ना हो जाए....
नजर का समंदर है जो भरता ही जाता है......

15. लहर और किनारा

क्यूँ गुमसुम है तू...लहर ने पूछा किनारे से था,
वो आस लगाए बैठा था, नजर उसकी मंझदार पे थी...
आ तुझे अपनी माहजबीं से मिला दूँ, उसे देख लहर ने कहा
था....
उसे क्या पता के वो निकल पड़ी किसी दूसरी ओर ही थी....
किनारे ने मुस्कुराकर कुछ देर उसका हाथ थामा....
लौटती लहर को फिर अपनी थोड़ी रेत देकर कहा,
हो सके तो इसे उसके पास ले जा - कि मेरी जाँ को ये
फुरकत याद रहे,
पर तुम लौट आना जरूर ....
कम है ज़माने में अब जिन्हें ....इन्तज़ार करने वालों की
कदर है..

16. झोंके

हवा के झोंके आज इस तरह चले थे
जाने कहाँ मुझे ले जाना चाहते थे,
बंद कर दिये सारे दरवाज़े मैंने -
समंदर में लहरें वैसे भी
पहले ही बहुत उठीं थी....

17. शिकवा

दिल में शिकवे लिये हर एक साँस लेती हूँ,
गिला तुमसे नहीं किस्मत से है, बस्
यही कहके अपना दिल बहला लेती हूँ मैं.....

18. बिन बादल बरसात

जाने क्यूँ लगा मुझे,
बिना कहे बिना कुछ सुने
धड़कन ने धड़कन की बात समझ ली.....
क्यूँ आज जाने का तेरे एहसास हुआ
और ना जाने क्यूँ,
यूँहीं बिन बादल बरसात हुई....

19. फितरत

तेरी फितरत थी की तू आये और चला जाए,
मेरा गुरूर था की तेरी फितरत बदल जाए....
तकदीर को शायद मंजूर ही न था की
तेरी फितरत बदल जाए और मेरा गुरूर पिघल जाए....

सिस्कियाँ आज भी दबे पाँव आकर दस्तक देती हैं,
आज भी मेरा गुरूर उन्हें लौटा देता है,
और फितरत....वो तेरी आज भी वही....
आना जाना लगा रहता है....

20. पत्थर

ढूँढ़ा करती थी पत्थरों में निगाहें कहीं
जिनमें अपने निशां गर दिखे कोई,
अब ना जिस्म ना जान बाकी है रही,
पत्थरों पर कुछ लकीरें हैं -
बस् वही हैं रह गयीं....

21. ख़्वाबों के पन्ने

झोंका था हवा का, मेरे हाथ ना आया,

जाते जाते मेरे ख़्वाबों के पन्ने उड़ा ले गया....

Disclaimer: image source: Internet

22. लब्ज़ों की गूंज

लफ़्ज़ों की गूँज कानों में हो रही है अभी
बदन की ख़ुशबू भी महक रही है अभी
दिल में बस इक नाम तेरा बाक़ी है अभी
जिसने इस तन्हाई को दस्तक दी है अभी......
कहीं यादों की सरसराहट तो
कहीं आँसुओं की बौछार हो रही है
कहीं दूर बारिशों की गिरती बूँदें तो
कहीं ख़्वाईशों की चिंगारी जल रही है....

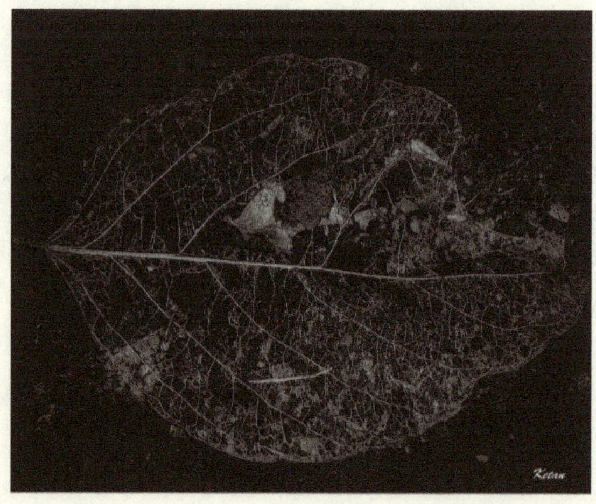

23. अनकही बातें

कुछ अनकही सी बातें, कुछ अधूरी सी मुलाकातें
पल पल गुजरी कुछ रातें, सरकते दिन के उजाले...
रुकी हूँ कभी तो सूरज तड़पेगा, कभी तो चाँद ख़फा
होगा.....
और पूछोगे उन्हें सवाल तुम.....
नज़र मिला के देखो तब, एक बार झाँक कर देखो आईने
में......जवाब मिलेगा तुम्हें......!

24. अरज

अरज सुनता है वो, समझता और समझाता भी है
सीने की धडकन को वजूद भी तो उसीने दिया है.....
फिर क्यूँ है गुनाह और क्यूँ कहलाती ये नादानी है
दिल छूटा गर हथेली से तो वो गुस्ताख़ी तो नहीं है.....
फिर क्यूँ इतना ख़फा, इतना नाराज़ है तू
ऐसी छोटीसी नादानी की इतनी लंबी सज़ा दी है.....
सुन जरा अर्श की ख़ामोशी भी तुझे पुकार रही है
दिल चीख़ कर कह रहा है - इतना बेरहम तो ख़ुदा भी
नहीं....

Disclaimer: image source: Internet

25. आहट

आहट सुनी थी कल मैंने, सोचा तुम करीब हो कहीं,
दिल कहता रहा मगर तुमने आवाज़ नहीं सुनी....

साया था शायद, वरना तुम बिना छूए जाते नहीं,
क्या चाँद ने तुम्हें करीब आने की इज़ाजत नहीं दी,
वरना तुम वहीं से रुख़ मोड़के जाते नहीं......

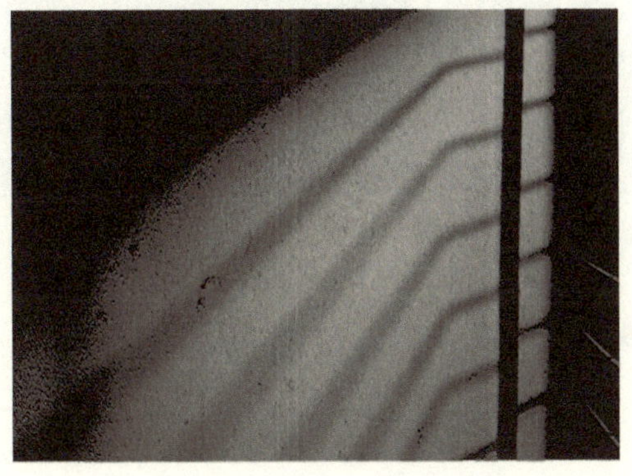

26. आ चल.....

Disclaimer: Background image source: Internet

27. चौकट

तेरी चौकट से गुजरी तूफाँ बनके
फिर लौटी हूँ तेरे दर पे धुआँ धुआँ होके
इक आग का दरिया पार किया है
और कहीं राख़ भी छोड़ आयी हूँ मैं....
रूह की ख़ोज में निकली हूँ मैं फिरसे
कभी साया तो कभी अंधेरा साथ लेके,
आज फिर तेरी चौकट पे आना है मुझे
वजूद अपना वहीं भूल आयी हूँ मैं...

28. ख्वाईश

तुम्हें भीगते देख ये छाता भी मुस्कुराए.....
ख़्वाईश ऐसी......
तुम्हारी बारिश में ये खुद भी भीग जाए!

Disclaimer: Image Source: Internet

29. एक उम्र गुजरी थी

एक उम्र गुजरी थी फिर भी
मुड़के देखा तो कुछ पल
अब भी जवान थे.....
बस् ..... पर निकल आए थे...
सो हाथ ना आए....

30. दौर जिंदगी का

हर दौर जिंदगी का कबूल है मुझे
हर पल कुछ सिखा ही जाता है
खौफ़ अन्जानी राहों का तो लगता ही है....
पर उड़ने के लिये परिंदों को तो भी पहले
कूदना ही पडता है........

31. तलबगार

ना गिले ना शिकवे की गुँजाइश रही,
सैलाब ही ऐसा आया की
ना समंदर ना अर्श का मकाम मिला...
नाखुदा को शिद्दत से पुकारा तो मगर
रंजिश के बहाने उसने भी रुख मोड़ दिया,
हसरत की फिर तो बस् जुस्तजू ही रह गयी.....
अब रुख़सार सिर्फ़ इतना...खुदा इनायत करे
और शाद से इस तलबगार को परवाज़ दे दे.....

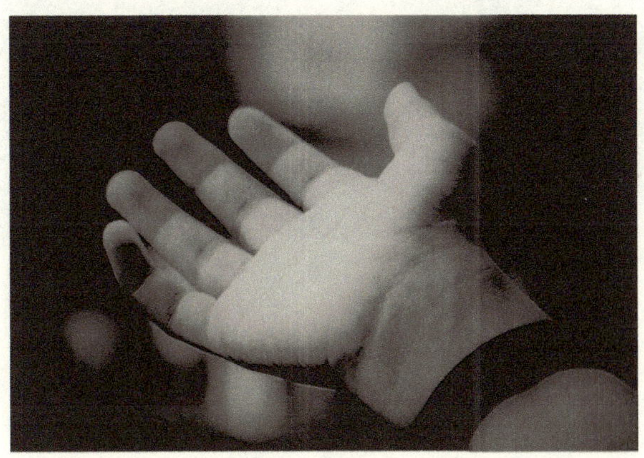

32. साया

साया है मेरा जो जमाने ने देखा है..
मेरी रूह का ठिकाना कोई क्या जाने ....

33. दस्तूर

रिश्ते यूँहीं छूट गए
ज़माने के दस्तूर में,
दिल भटक रहा है अब भी
पहचाने सायों की तलाश में....

34. आदत

आदत से मजबूर हूँ.....
तीर ऐसे छूटते हैं कि,
घायल भी खुद ही होती हूँ...

35. कोई और बहाना

जीने का बहाना ढूँढ़ना पड़ेगा कोई और
साये से अपने ही जिस दिन लगने लगेगा डर.....

36. आखरी सिरा

आख़री सिरे तक मेरी साँसें पीछा करती रहीं
कदम तो कब के पीछे छूट गये थे, उस गली में
जहाँ तुम छोड़ आये थे मुझे, अपने ही हाल पे.....

दिल को तेरे हद् पार करते देखा मगर, साँसें मेरी
सह ना पायी....वहीं वादियों में ख़ो सी गयीं, और
गली में यहाँ, कदमों के भी मेरे निशां तक ना रहें.....

37. बेवफाई से प्यार करना सीख

बेवफाई से भी प्यार करना सीख ले तू
जाते जाते तुम्हारा गुरूर तुम्हें लौटा गयी थी....
एक पल यूँहीं सोच के देख जरा...हाँ कभी
किसी ने तुमसे भी मुहब्बत की थी...

38. तेरे जाने का ग़म

तेरे जाने का ग़म जो था....मेरी जान लेकर चला जाता तो
अच्छा होता,
कमबख़्त ऐसा जिद्दी निकला की मेरी जान पीछे छोड़
अपने साथ मेरे होश उड़ा ले गया....
एक अरसा हुआ है अब...बे राह किसी पंखुड़ी की तरह
हवा के झोंके के साथ जहाँ रुख़ मुड़े तैरती जा रही हूँ....
कहीं तेरे दर तक हवा ले ही आयी अगर तो और कुछ नहीं,
बस् मेरे होश मुझे लौटा दे...खुद से एक बार फिर मिलना
है मुझे...

39. इल्म़

एहसासों का अपने जो इल्म़ है मुझे...
फिर क्यूँ तुम्हें याद रखने की इजाज़त नहीं है मुझे...?
मज़बूर तो तुम हो नहीं....फिर क्यूँ इन एहसासों को
नाकाम करने की कोशिश में लगे रहते हो .... रोज ही?....

40. गीत लिखा करती थी मैं

गीत लिखा करती थी मैं ख्वाबों में कभी
दिन के उजाले में जब तेरी आंखे पढ़ा करती थी....
अब तो मंज़र भी ऐसे नजर आते हैं की गीत मेरे
अपनी ही कैफियत सुनाते हैं.... वक्त वक्त की बात है
तब नजरों के सामने तुम हुआ करते थे.....अब......
जिधर देखूं वहां मुझे बस् आईने ही नज़र आते हैं.....

41. शोक

शोक ऐसा की बयां करने के लिये लफ़्ज़ नहीं.....
रिश्ता भी अजीब ऐसा कि देने को कोई नाम नहीं,
क्यूं दिल फिर भी उनके जाने के ग़म से परेशान है....?
पहेलियां है बहुत जो पल पल उलझती जा रही हैं
जाने क्यूं पहचानी राहें ऐसी ख़ौफनाक लग रहीं हैं...
अंधेरे जो ऐसे फैले हैं अब, थोडे से उजाले का इंतजार है...

42. ख़ाई / बेख़ुदी

खुली आँखों से हर कदम ख़ाई में जो उतरती हूं,
अच्छा है आँखें मूंदे कभी आसमां घूम आती हूं मैं...

बेख़ुदी ऐसी के बयां ना हो सके,
फिज़ा में भी हरसू एक रंज़िश जैसी....
गुमसुम से अल्फाज़ों की है गूंज कहीं,
और बिख़री यादों की है बौछार कहीं.....

43. मकसद

लिखता है कोई नज़्म बनाने के लिये....
कोई लिखता है खुद को खुद से मिलाने के लिये,
मैं तो लिखती हूं...कब से लिखती आयी हूं...बस्
अपने आप को संभालने के लिये.....

44. जज़्बातों की दुनिया

जज़्बातों की एक दुनिया है...दूर कहीं छुपी....
अल्फ़ाज़ों बिना....सूनी गलियों से सज़ी...
जो भी आता है मेहमान सा चला जाता है
ख़ामोश सा एक अफ़साना....पीछे छोड़ जाता है...

45. गुमनामी / दो बूँदें

गुमनामी की ओर चल पड़ी तो, जुबां पर जहाँ की
मेरा नाम कुछ ज्यादा ही आने लगा,
बेनामी में ही खूब मायने लगने लगे जब... हाय्....
लोगों को तभी मेरा नाम पसंद आने लगा....

दो बूँदें ही थी ..... आँखो से अंजाने में जरा क्या फिसली,
जमाने को लगा सैलाब ही आया कोई.......
ख़याल इतना भी भला क्यूं रहता है मेरा, की
बूँदें वो हथेली में लिये...ख़ुदही को बहा ले गया वो....

46. एक दौर

कभी एक दौर था जब, मंज़िलों की
बातें किया करती थी मैं.....
वक्त भी अपनी चाल खूब चला है...
राहों को ही ऐसे मोड़ दिया है... कि,
न जाने कब मंज़िलें सपना बन गयीं, और
साथ चले मुसाफ़िर साया बनकर रह गए....

47. करिष्मा

पुराने ज़ख़्म भी कभी कभी
चेहरे पर मुस्कान ले आते हैं...
बारिशों का ही करिष्मा है जो,
बिखरे सपने बौछारों में छुपकर
चुपके से दिल को छू जाते हैं......

दस्तूर है मुहब्बत का ज़ालिम
कभी तन्हाई के साये में सिमटती है
कभी महबूब की बाहों में खिलती है....

48. सिलसिले

सिलसिले भी अज़ीब रहे हैं
गुमनाम से एहसासों के,
जाने कितने बरस चलते रहें हैं
जाने कितने मौसम साथ रहें हैं.....
कुछ एहसास यूंही कहीं सुलग़ते हैं
और मौसम भी बरसातों में ही ढलते हैं...
क्यूं चिंगारी कोई जलती है .... और
जख़्म भी होते हैं अब भी....
क्यूं बारिशों में भी वो ताक़त नहीं....
कि बुझा दे .... जलती हुई इस आग को....

49. गहराई

समन्दर से कहीं ज़्यादा दिल की जो ग़हराई है...
दूर वहीं.....अनछुई एक सीपी
मैंने जाने अन्जाने में छुपाई है...,
ख़्वाबों का एक अलग सा जहाँ बसता है वहां...
बरसों देखा है उसे....यहीं दूर ही से खड़े.....
अब तो कम्बख़्त आदत सी बन गया है वो....
अनछुआ वो ख़्वाब ...कई बार देखती हूं मैं...
दिल की ग़हराई इतनी....की पास उसके
कहां पहुंच पाती हूं मैं.....

50. ख़ुदा की मेहरबानी

खूबियां जो इतनी हैं तुम में
किसी एक बात का कैसे जिक्र करें....
ख़ुदा ही ख़ुद जो ऐसा मेहरबां है तुम पर
हम और क्या दुआ बयां करें........

51. ख़ैरियत

ख़ैरियत जो कभी पूछी नहीं.....
लाज़मी न समझा होगा शायद....
इल्म फिर भी जो मुहब्बत का था...
मुख़्तलिफ सी शिद्दत थी शायद....

ख़्वाबों की ही ताबीर थी जो
अपना ही तसव्वुर बनके वो रह गये...
उल्फ़त जो रास ना आयी थी हमें....हम
मुक़द्दर से ही रंज़िश कर बैठे.....

52. आह / शिद्दत

सिमटे से कुछ ख़्वाब आंखों तले..
रूह से कहीं वाबस्ता यूं हुए....
आह जो निकली ... इक हल्की सी कभी...
ना जाने कब... ख़ुद ही समंदर हो गये....

परस्तिश की तेरी शिद्दत से बड़ी...
फिर भी तू ख़ुदा ना बन पाया कभी....
इन्सान में जो मिलती ख़ुदा की परछाई कहीं....
वो भी तो तू ना बन पाया कभी....

53. वजूद

नादानी थी या गुस्ताख़ी मेरी..
एहसासों के मायने ढूँढ़ती रही..
वक्त जो अपने रास्ते चला गया..
ख़ुद को अन्जाने में ग़वाँ बैठी..
राह चलते कदमों तले अंधेरा था ...
और साया भी हाथ ना आया मेरा...

ग़िला वक्त से है .... जो शाख़ से मेरी फूल गिरा गया...
बहार ले आया जब तक वो, मेरा वज़ूद ही था बदल गया....

54. मैं बेख़बर

छोड़ आयी थी चौकट पे तेरी
अरमानों की दुनिया अपनी...
राह में ख्वाब बुनते गये थे
आहट भी ना हुयी थी कोई....
हलकी सी कहीं ख़नक जो सुनी..
मुड़के जरा देखा मैंने...दबे पॉव चुपके से
ख्वाब मेरे पीछे चले थे, साया बनकर....
वो ख़ामोश.....और मैं.......मैं बेख़बर.....

55. रिश्ता

चंद पर्चियाँ कुछ अल्फाज़ों की
जाने क्यूँ और कहाँ बिखर गईं....
दो बातें होती थी...अच्छा लगता था
कागज़ ही पे सही...पर रिश्ता तो बनता था...

आशियाने दिलों के कहीं
ख़्वाबों की दुनिया में छोड़ आए हैं....
मुख़्तलिफ़ लम्हा कोई बस् अपने लिये जीना हो
तो इक रात गुजार आते हैं....

56. नींद

चुभती रहती है रातभर नींद मेरी शिकन से भरी....

कोशिश की थी बहुत कि शिकायत ना करूँ.,.

उल्फ़त इस कदर बेरहम होगी कभी...कहाँ दिल ने सोचा
था...

रुसवाई भी अपनी बयाँ करूँ तो किसको करूँ....

नींद दुश्मन सी वार करती है अब तो... पहले चुभती
थी...अब हर रात जान ले जाती है....

ज़िद क्यूँ है ना जाने मेरी ही ...हर दिन फिर एक जनम
लेती हूँ....

57. ज़ख़्म

आँखों से ओझल हुए भी तो
ज़ख़्म दिल पे और ग़हरे होते गये..
जितना जमाने को लगा की हम बदल गये
उतना ही हम मजबूर से होते गये...
क्या बताते जमाने को कि निशां जो मिटाये थे...
वो तो बस् नज़र से उनकी तुम्हें छिपाने के लिये...
वरना बात अपनी कहें तो सिर्फ इतनी सी थी....
की हमें तुमसे मुहब्बत थी....

Enter Caption

58. सबा

यूँही छूकर चली जाती है सबा
जाने कितने किस्से याद दिलाती है....
यूँही हल्की..फिर एक बेकरारी
मेरे हौसले बढ़ाती है.....

59. अमानत

इक याद ही है जो हमारे नाम रह गयी
बाकी तो सब ज़ालिम दुनिया ले गयी..

त जो माँगा है...भेज भी देंगे... बस् इल्तिज़ाह है जरासी...
स्याही भरा कागज़ समझ कोने में ना रख देना कहीं....
ख़त में आसमाँ भेज रही हूँ अपना....
आसमाँ में मेरे बादल जो बिखरे हैं कई... कच्चे धागों से
जोड़ के रखा हैं उनको....
अमानत है मेरी.....लौटा देना कभी....
इतनी सी खुशी मेरी....उधार रही तुम पर....

60. आसमाँ मेरा

जाने क्यूँ बेशुमार सा टूट पड़ा है......
आसमाँ है मेरा........मुझ ही पे आ गिरा है....
मनसूबा है कोई बेशक.....इसी बहाने
तुम्हें मेरे पास रोक के रखा है शायद...

61. हिसाब

सपनों में जो जिया करती थी मैं,
साँसें उधार ले लेती ....जब जब
तुम्हें मिलने चली आती थी....
मुलाकातें भी कम्बख़्त वक्त की मोहताज थीं,
साँसें उधार ही की सही....
पर किसी काम ही ना आती...
सपने हिसाब माँगते हैं अब,
जाती हूँ जब भी उधार लेने...
खाली हाथ लौट आती हूँ!
आदत से मजबूर हूँ....सो,
जाती हूँ उनके पास....वरना
मुलाकातें तो अब ख़्वाबों में भी नहीं होती....

62. तलाश / सदियाँ बीती हो जैसे

जिस गली में सुकून पाया

वहीं से बेआबरू हो के निकले

उस मुहल्ले में जा बसे

चेहरा ख़ुद ही का जहाँ अन्जान पाया.....

रंजो गम की तपिश में दिल सुलगते थे वहाँ,

परछाइयाँ भी रोती नजर आती थी...

एक हम ही थे, खुद से भी बेख़बर,

अपने भी साये से अन्जान...

रूह ने आवाज़ दी थी तभी...लगा था

खोया हुआ कुछ मिलेगा यहाँ...

आज भी तलाश में भटक रहें हैं यूँही,

आबरू की कदर कभी तो होगी कहीं.....

उसी मोड़ पे ज़िंदगी आज भी खडी है,

जहाँ हाथ छूटे थे कभी....

....सदियाँ बीती हो जैसे....

बरस ना जाने कितने गुजरे हैं....

बात फिर भी अभी की ही लगती है.....

क्यूँ लगता है जैसे पल ही भर पहले तुमने छूआ था....

63. बीते ज़ख़्म

झोंका हवा का था जो याद दिला गया...
कागज़ में छिपी यादें कदमों पे गिरा गया....
भुलाने की कोशिश की थी बहुत..
चेहरे को भी तेरे अन्जान कर दिया था...
फिर क्यूँ ये सबा बार बार छूने आती है...
क्यूँ बीते ज़ख़्म फिर से बहाती है..
ना कर जुल्म इतना कि हाल में इसी बह जाऊँ....
सँभाला जो खुद को है इतना..
ऐसा ना हो के फिर से कहीं खो जाऊँ....

64. हक़

हक़ से तुमसे जो मुहब्बत का बहाना किया
तसव्वुर में हमने अपना आशियाना बसा लिया...
साँसें जो जुड़ी थी तुमसे...सदियों से.....
परिंदों सी ना जाने उड़ी कब....
एक आह सिर्फ रह गयी है पीछे...
परिंदों की पहुँच ना जाने हो कहाँ तक.......

65. आदत

शाख़ें तो आदत डाल ही देती हैं खुदको,
सबा के चलने से तिलमिलाती नही हैं,
टूटे पत्ते बिछडते बस् बे हरकत देखती हैं....
बहारें तो कुदरत से आती हैं,
पत्ते भी नये फिरसे मिल ही जाते हैं,
कौन सोचता है मगर .....
शाख़ों पे पुराने जख़्म शायद तब भी कहीं बाकी हों....

Enter Caption

66. गुज़ारिश

गुज़ारिश है छोटीसी एक...गुजरते वक्त से,
जरा पीछे मुड़ने की इज़ाजत दे दे मुझे.....
माज़ी की कुछ यादें सिसक रहीं हैं कहीं,....
सपनों की कुछ बूँदें हैं जो सूखी नहीं हैं अभी.....
सोचती हूँ थोडा और ठहर जाऊँ,....
वक्त के दायरे से जरा दूर निकल जाऊँ....

67. मेहेर-ए-नज़र

एहसान है हम पे भी मेहेर-ए-नज़र पड़ती है कभी,
वरना साये से कहाँ रुक के मिलता है कोई....
शुक्र है महक सी हवा में बिखरी रहती है थोड़ी,
वरना साँसों को भी कहाँ महसूस करता है कोई....

68. माज़ी की लहर

माज़ी में जो लहर उठी ....वक्त ने उसी को कहर बना दिया...
जीता कौन वक्त से कभी... और कौन मुहब्बत से बचा...
ना गिले की गुंज़ाइश रही...ना शिकवे से कुछ काम बना..
कितने मायने ढूँढ़ते फिरते....अपनी ही नादानी के?...
वक्त भी और उम्र भी......दोनों ही ने तो चाल चली....
ऐ ज़माने हो सके तो .... तूही बता दे अब....
क्या देखें मुड़के पीछे ...और क्या किसीसे सवाल करें...?

69. ख़्वाबों का बोझ / फरियाद

ख़्वाबों का भी बोझ लगने लगा है अब....
कितने ही बरस यूँही उठाए फिरते रहे हैं...
कारवाँ चलते......दौर गुजरते गये हैं....
साँसें फिर भी उधार छूटी हैं कहीं...
दहलीज़ है हकीकत की अब जो सामने......
पार तो करनी होगी.....
जिंदगी है आख़िर......साँस लेकर ही सही....
बसर तो करनी होगी......

फरियाद सिर्फ इतनी की .... तुम बहाने बनाते गये...
ना समझे जो हम ये... फुरकत में ख़्वाब बुनते गये....
कहानी बन गयी है अब तो ... बस् रंग थोडे उड़ गये हैं...
जज़्बा वही है शायद.... पर मायने बदल गये हैं....

70. मोड़ / रूबरू

मोड़ आते गये...हम मुड़ते गये
काफिले मिले कई .... जिनसे हम जुड़ते गये....
जितना खोया उससे ज्यादा ही पाया हरसू....
बस् हिसाब नही रखा ....
वरना राह में वहीं कहीं उलझे रहते शायद...

हक़ है मेरा तुम पर अब भी.......
क्यूँ तुम्हें जताने की ज़िद् मैं करूँ?
रूह से अपनी जो हूँ रूबरू तो...
क्यूँ उल्फत मेरी तुम्हें बयाँ करूँ?...

71. जख़्म मुहब्बत के / कुरबत

जख़्म ही मुहब्बत ने ऐसे दिये हैं
कि मरहम भी तो चुभने लगे हैं...
क्या रुबाइ अब तुम पर लिखूँ ?.......
और क्यूँ अलम उल्फत का... सिरहाने तेरे छोड़ आऊँ?

कुछ और नहीं माँगा ख़ुदा से
एक रात की ज़िंदगी माँगी है...
ख़्वाब ही में सही
तेरी थोड़ी कुरबत माँगी है...
बहुत राह देखी है .... अब
साँस भी बहकने सी लगी है...
अब आहट तेरी और परछाई भी
जीने का एक सबब बन गयी है...
क्या माँगा है और ख़ुदा से...
जन्नत की भी तो दुआ नही की है...
तेरे साये में ही सही....बस्
अपने लिये थोड़ी ख़ुशी माँगी है...

72. थोड़ी नादानी

ना रहकर पूछा उन्होंने....इतना कुछ कब लिखा...?
हाल ही में शायद......जवाब मैंने दिया......
सवाल उनका......क्यूँ इतनी परेशानी?......
हँसके कहा मैंने... बस् फिरसे थोड़ी नादानी...

73. आरज़ू / बेज़ुबाँ ख़याल

आरज़ू का कया है ज़ालिम वो तो मरकर भी जिंदा रहती है
मौत तो उसे नसीब होती है जिसे जीने की इजाजात है
मुद्दतों से महफ़ूज़ रखा है दिल का एक कोना....
हर बरसात में खिड़की जरा सी खोल देती हूँ....
छींटें जो थोड़ी आ गिरती हैं अंदर....
कुछ अरसे तक मुहब्बत पनपती है फिरसे वहाँ....

ग़म जो महसूस होते हैं वक़्त बेवक़्त....
गिला मुक़द्दर से किये जाते हैं...
बिन मौसम ये जो बरसातें होती हैं आजकल,
बेबस से उन्हें बस् देखते रहते हैं..
बेज़ुबाँ से ख़याल कई....
आँखों को नम करते जाते हैं...
जज़्बात कई...जो चीख लगाते हैं...
पर दुनिया है कि इस सबसे अन्जान......

74. स्याही से लिखी कहानियाँ / ख़ामोशियां

स्याही से लिखी कहानियाँ कई

कागज़ के कुछ पन्नों में कहीं दफन होकर रह गयीं....

नज़्म जो आँसुओं से उतरती है आज भी,

साथ अपने दूर बहा ले जाती है मुझको....

आईना मेरा .... मुझसे भी पहले....उन्हीं आँसुओं में डूब गया है शायद...

दूर कितनी भी बहा ले जाये नज़्म अपनी मुझको...

अतीत है मेरा.... जो सामने मेरे आ ही जाता है...

कितने बरस ख़ामोशियों से जुँझते रहेंगे?

आँखें नम जो मेरी...कितने बरस तुम यूँही खूबसूरत कहते रहोगे?

गुँजाइश ही कहाँ कि दायरे कम होंगे नसीबों के कभी,

जाने क्यूँ इल्तिज़ा फिर भी बनी रहती है.....

चंद बातें रूहें तो किया करें....एक दूसरे से कभी....

75. इत्र

महक फ़िज़ा में मुहब्बत की बिखरी है....
पर आदतन् वो इत्र लगाकर निकलते हैं...
इश्क़ ने ज़िंदगी को रंगीन बना दिया है....
फिर भी जाने क्यूँ वो होली के बहाने बनाते हैं...

76. जमाना गुजर गया है / बेजुबाँ कहानी

एक अरसा गुजर गया है
इन पन्नों पर कुछ लिखे हुए....
सच कहें तो जैसे जमाना गुजर गया है....
मुझे भी अब ख़ुद ही से मिले हुए...

बेजुबाँ सी एक कहानी खोयी है कहीं
बीते कई लम्हों में....
क्या गुमां करे कोई गुजरे उस जमाने का.....
हर शाम एकएक पन्ना पलट देते हैं....
पल्कों तले कई मंज़र हैं जो हलके से दफना देते हैं....

77. मुहब्बत गिरवी रख आयी हूँ

अल्फ़ाज हैं जो लूटे जाती हूँ बेशुमार...
मुहब्बत है जो गिरवी रख आयी हूँ तेरे पास...
एक उसूल है दिल का भी...
खुले दिल से मिली तो अच्छी...
वरना मुहब्बत मेरी गिरवी ही भली....
जानकर लौटा दो तो सूद भी अदा करूँ....
बोझ समझकर बस दहलीज पर उसे
छोड़ न जाना तुम.....

गुनहगार नहीं हैं जो पुरानी यादों को जरा पानी देकर ताज़ा
कर देते हैं कभी,
कम्बख़्त कुदरत भी तो अपने उसूलों के ख़िलाफ़ बिन मौसम
बरसात होने देती है.....

78. शुकर है

शुकर है, ना होने से अच्छा....
तुम मेरे पास तो हो...
दहलीज़ के उस पार ही सही...
दिले नज़र के दायरे में तो हो...
कभी ख़्वाब में...कभी ख़याल में,
कभी ज़हन में तो कभी वहम में...
भटकी हुई ही सही...तुम्हारी खुशबू तो है...
रूठी ही सही...तुम्हारी याद तो है....

79. रंजिश

सही और ग़लत के मायने ढूँढ़ते
दस्तूर ए जज़्बात भूल गये हैं
और फिर खुद ही से पूछ रहे हैं
क्यूँ साँसों के हिसाब नहीं मिल रहे हैं.....

रंजिश मुहब्बत से जो हुई, अंदाज ही कुछ ऐसे बदले..
साये को भी उनके मुझसे दुश्मनी सी हो गयी...
ज़ाम जो वो शब भर अपनी आँखों में भरते रहे
सहमेसे अश्क दूर ही से हम पीते गये...
क्या गज़लें उल्फत की फिर बयाँ करते हम...
नशे में वो खुद ही को जो खुदको मिटाते चले गये.....

80. मैं जरा बहक सी गयी

छूट गयी थी साँसें कहीं
इत्र की महक भी वहीं थी रह गयी...
आज फिर एक झोंका आया कहीं से,
फिर मैं जरा बहक सी गयी....

81. इल्तिज़ा

एक नींद ही है जो आँखों में आती नही
वरना सपने...आँसू...अरमान...
सभी दस्तक दिये जाते हैं...
अब मेहमान नवाज़ी की नही दिलेरी हम में...
अपनों से ही जो धोखे खाये हैं...

इल्तिज़ा भी एहतियात से करते हैं खुदा से....
जाने क्यूँ बरसों रूठा है मुहब्बत से....
साथ जो छूटे थे मुक़द्दर से....
फिर एक बार माँगने की जुर्रत करनी है...
फिरसे रूठा गर खुदा तो शायद
ख़्वाब में भी ये मुमकिन ना हो....

82. ग्वाही

कदमों में जमीं... हाल की ग्वाही देती....
दिवारें ख़ामोश खड़ी ...माज़ी की कहानी कहती...
पल्कों पे ओढ़े ...एक चादर हल्की सी...
शीशी में बंद है ... एक महक धुंधली सी.....
अफसाना था एक जो यहाँ
बेजुबानी सुनायी देता है....
सच था कभी जो अब.....
कहानी बनके रह गया है.....

83. जीने की नयी कोई वज़ह

लाली है फिज़ा में भरी
माज़ी में अरमानों का धुआँ भी है
अनकहे अल्फाज़ों में कई
कहानियों का इक दौर भी है...
जुनूँ है तसव्वुर में, हलका सा
ख्वाबों में सुरूर भी है
फिर आया है मोड़ कोई, शायद
जीने की नयी कोई वज़ह भी है...

रंगों की इस महफ़िल में
रूह की कहीं ताब्रीर हुई,
सफ़ेद इक बादल में छुपी
अपनी ही तस्वीर मिली

84. क़ाफ़िले हर्फ़ के / खुदगर्जी

मसरूफ हैं ऐसे कि उलफत नम सी हो गयी है
गुजरे जमाने की यादें कुछ सितम सी हो गयी हैं...

जज़्बा-ए-रुमानियत अभी भी मुकर्रर है
तो दर्द का बयाँ होना भी लाजमी ही है.....
कलम से स्याही गिराना कुछ कम किया है बस्
कि क़ाफ़िले हर्फ़ के कुछ भीड़ से लगने लगे हैं.....

खुदगर्जी चाहे इसे तुम कहो,
खुद्दारी इसे मैंने कहा है.....
जान ले गये जो तुम मेरी,
रूह को अपनी मैंने सँभाला है...
तकदीर की तुम्हारी कमनसीबी कहें
या मुकद्दर की शिकस्त ही शायद...
मजबूरी अब इतनी भी नहीं कि,
अपनी ही साँसें उधार लेनी पड़े मुझे...

85. हाँ थोडीसी busy हूँ

हाँ थोडीसी busy हूँ,
उल्झनों में कुछ अपनी ही उलझी हूँ.....
माज़ी की कुछ राख खोद रही हूँ,
दिल बहलाने के बहाने ढूँढ़ रही हूँ.....
इक तिनका कभी हाथ आता है,
पकड़के उसे रखने की कोशिश करती हूँ....
फिर इक काँटा चुभ जाता है,
फिर इक बूँद को समंदर होते देखती हूँ....
हाँ......थोड़ीसी busy हूँ,
तैरने के तरीके सीख रही हूँ......
थोड़ीसी ही सही पर हाँ....busy हूँ,
शायद इसीलिये अपने लिये खड़ी हूँ.....

86. मुकद्दर की शिकस्त / रिहाई

खुदगर्जी चाहे इसे तुम कहो,
खुद्दारी इसे मैंने कहा है.....
जान ले गये जो तुम मेरी,
रूह को अपनी मैंने सँभाला है...
तकदीर की तुम्हारी कमनसीबी कहें
या मुकद्दर की शिकस्त ही शायद...
मजबूरी अब इतनी भी नहीं कि,
अपनी ही साँसें उधार लेनी पड़े मुझे...

मद्धम से हालात अभी
यादें कहीं तो साँसें कहीं....
धुंदला सा है अब आसमाँ भी
फर्श भी पैरों को जैसे छूता ही नहीं....
सूखे पत्ते बिखरे पड़े हैं हरसू
आहट है किसी की जो पर होती ही नहीं....
आईना भी नजर मिलाता है जब
इल्म खुद ही का नहीं होता हमें...
मुहब्बत में जरा जो खुदाई माँगी थी
किस्मत ने खुद ही से रिहाई दे दी....

87. अजनबी / जन्नत / उम्मीदें

खुली किताब बने हम पहलू में बैठे हैं
अजनबी से क्यूँ हैं जाने हयात् आज भी?.....

क्यूँ ढूँढ़ते फिरे जन्नत कोई
रूह में रूह जो मिल गयी है यहीं......

कैसी ये उम्मीदें और कैसी ये ख्वायिशें....
बंद सीपियों में पड़े मोतियों की नुमायिशें....
लब्ज़ बिखरे पड़े हैं नज़्मों को अंजाम दिये हुए....
जज़्बात ऐसे हैं कुछ बस एहसासों में लिपटे हुए....

88. कीमत उल्फत की

क्या कीमत उल्फत की रही कि
कदमों तले समंदर बहा....
जमीं पे चलना ऐसा शाद रहा कि
लहरों से जूझना रास ना आया...

नादानी का इल्ज़ाम दिल में लिये
मुहब्बत में रुसवा भी हम ही हुए...
कोहरे में जो साये को ढूँढ़ते रहे
अपनी शिद्दत में फना भी हम ही हुए...

89. काश हर घरोंदे में ग़ालिब होते

शायराना होता है बड़ा ही
आँखों से बातें कहना.....
काश हर घरोंदे में ग़ालिब होते
पढ़ना पढ़ाना उन्हें आ जाता.....

वक़्त बड़ा बेरहम निकला
नज़र से जुबाँ तक आते
मुहब्बत फना कर गया....
गुनाह उल्फत का किया था हमने
उन्होंने तो सिर्फ़ तीर चलाये थे
अब रिवायत से ख़ैरियत पूछते हैं वो
और हम भी आदतन् खुशहाली बयाँ करते हैं....

मुहब्बत रोजाना खिड़की से परिंदों को ताकती रहती है
परिंदों के बहाने जैसे उसने दूरसे कोई पैग़ाम भेजा हो
फिर कोई नज़्म यूँही बयाँ होती है
फिर कोई दास्ताँ यूँही लिखी जाती है.....

90. सज़ा के हक़दार

हाथ थामा ही नहीं पर छोड़ने का एहसास दिला गये,
मुहब्बत जो की थी हमने साये से भी तेरे वफ़ा कर गये,
ख़ता हुई क्या और क्या हम गुनाह कर गये...
फक़त ख़याल भी तेरे आज सज़ा के हक़दार बन गये....